AF188186

Impressum
Verlag: BABADADA GmbH, Nedderfeld 112 , 22529 Hamburg
Geschäftsführer / Verlagsleitung: Harald Hof
Druck: Books on Demand GmbH, In de Tarpen 42, 22848 Norderstedt

Imprint
Publisher: BABADADA GmbH, Nedderfeld 112 , 22529 Hamburg, Germany
Managing Director / Publishing direction: Harald Hof
Print: Books on Demand GmbH, In de Tarpen 42, 22848 Norderstedt, Germany

skole

škola

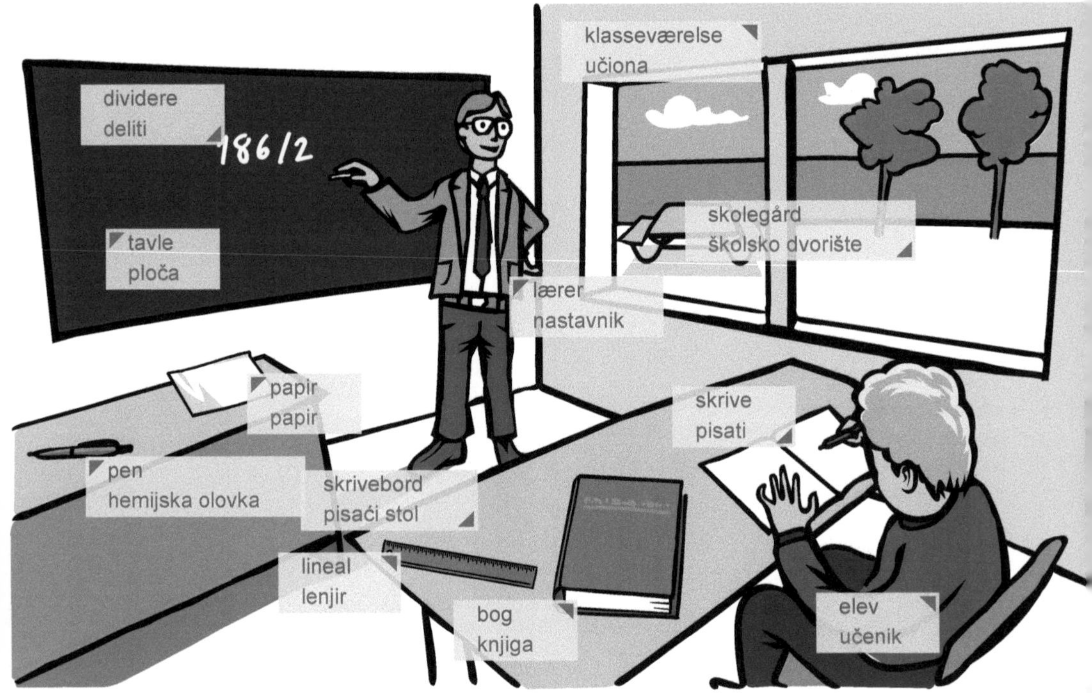

klasseværelse
učiona
dividere
deliti
186/2
tavle
ploča
skolegård
školsko dvorište
lærer
nastavnik
papir
papir
skrive
pisati
pen
hemijska olovka
skrivebord
pisaći stol
lineal
lenjir
bog
knjiga
elev
učenik

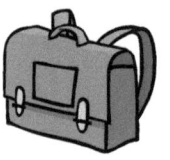

skoletaske

torba

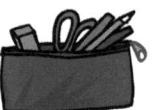

penalhus

pernica

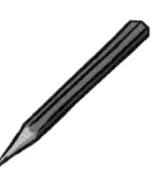

blyant

grafitna olovka

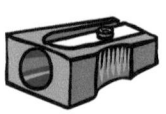

blyantspidser

šiljilo za olovke

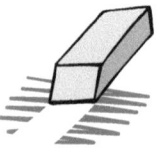

viskelæder

gumica za brisanje

tegneblok

blok za crtanje

tegning

crtež

pensel

kist

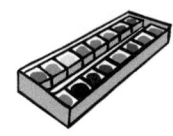

æske med vandfarver

kutija sa bojama

saks

makaze

lim

lepilo

opgavehefte

beležnica

lektie

domaći zadatak

tal

broj

addere

sabirati

subtrahere

oduzimati

multiplicere

množiti

regne

računati

bogstav

slovo

alfabet

abeceda

ord

reč

tekst
tekst

læse
čitati

kridt
kreda

time
čas

klasseprotokol
dnevnik

eksamen
ispit

karakterbog
svedočanstvo

skoleuniform
školska uniforma

uddannelse
obrazovanje

leksikon
leksikon

universitet
univerzitet

mikroskop
mikroskop

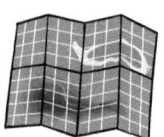

kort
karta

papirkurv
košara za papir

rejse
putovanje

hotel
hotel
Grand
herberg
prenoćište
ROOMS
vekselkontor
menjačnica
EXCHANGE
kuffert
kofer
bil
auto

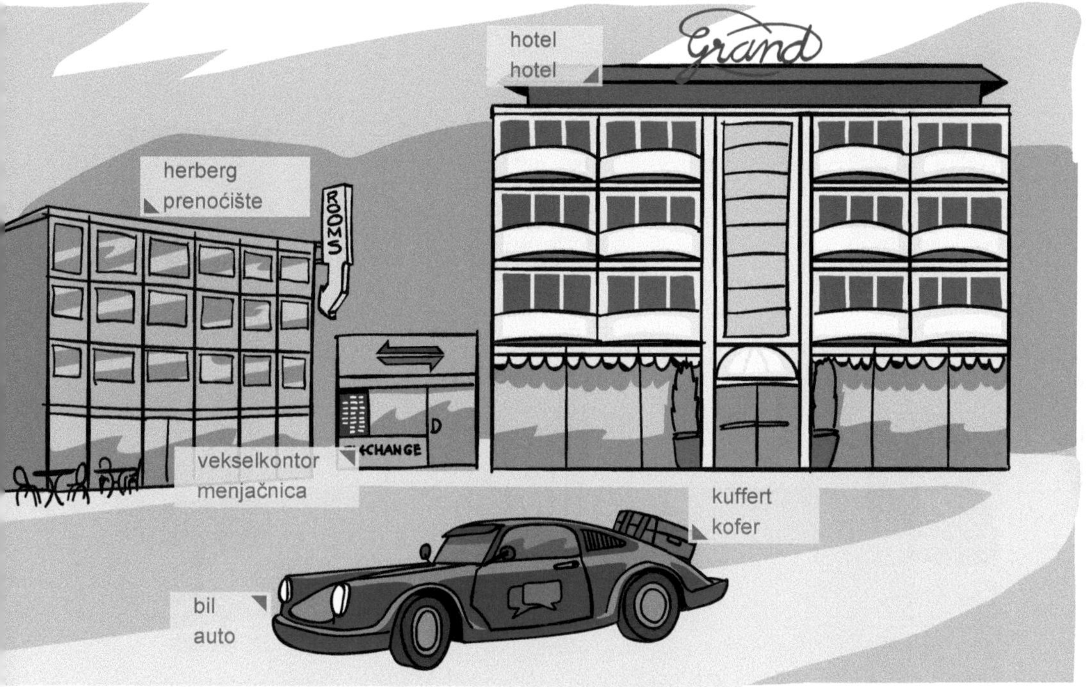

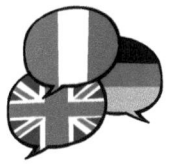

sprog
jezik

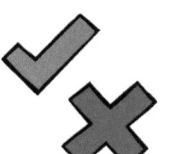

ja / nej
da / ne

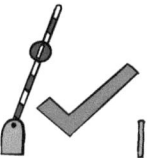

okay
okej

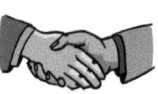

hej
zdravo

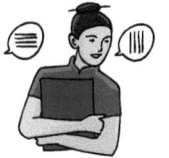

oversætter
prevodilac

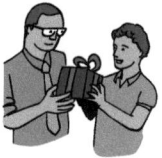

tak
hvala

hvad koster...?

Koliko košta...?

Jeg forstår ikke

ne razumem

problem

problem

God aften!

dobro veče!

God morgen!

Dobro jutro!

God nat!

Laku noć!

farvel

doviđenja

retning

smer

bagage

prtljaga

taske

torba

rygsæk

ruksak

gæst

gost

værelse

soba

sovepose

vreća za spavanje

telt

šator

turistinformation

turističke informacije

strand

plaža

kreditkort

kreditna kartica

morgenmad

doručak

middagsmad

ručak

aftensmad

večera

billet

karta za vožnju

elevator

lift

frimærke

poštanska markica

grænse

granica

told

carina

ambassade

ambasada

visum

viza

pas

pasoš

transport

transport

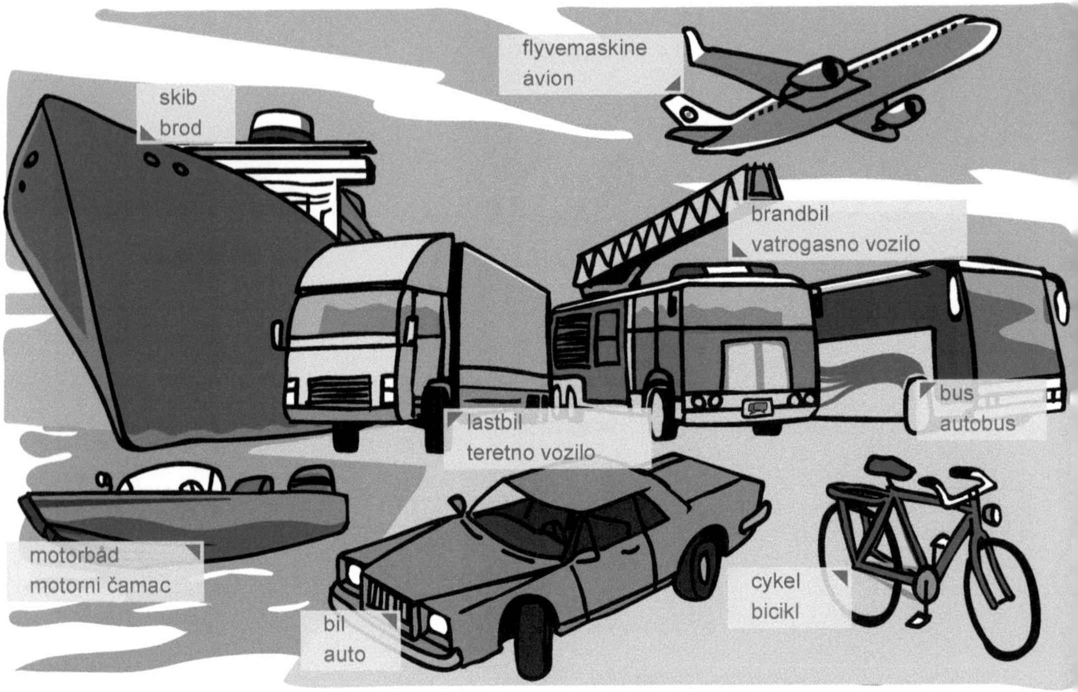
flyvemaskine
ávion
skib
brod
brandbil
vatrogasno vozilo
bus
autobus
lastbil
teretno vozilo
motorbåd
motorni čamac
cykel
bicikl
bil
auto

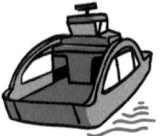

færge

trajekt

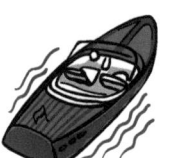

båd

čamac

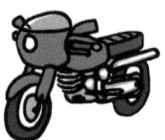

motorcykel

motocikl

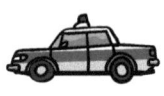

politibil

policijski auto

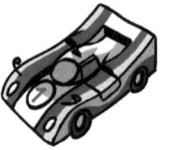

racerbil

trkaći auto

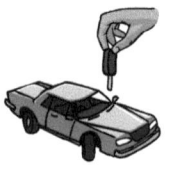

lejebil

iznajmljeno auto

samkørsel

delenje automobila

kranbil

vučno vozilo

skraldebil

vozilo za odvoz smeća

motor

motor

benzin

benzin

tankstation

benzinska stanica

trafikskilt

saobraćajni znak

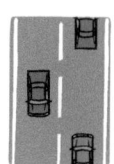

trafik

saobraćaj

trafikprop

zastoj

parkeringsplads

parkiralište

banegård

železnička stanica

skinner

šine

tog

voz

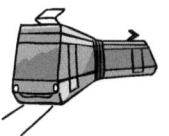

sporvogn

tramvaj

wagon

vagon

helikopter

helikopter

lufthavn

aerodrom

tårn

kula

passager

putnik

container

kontejner

karton

karton

kærre

kolica

kurv

korpa

starte / lande

uzleteti / sleteti

by

grad

landsby

selo

bymidte

centar grada

hus

kuća

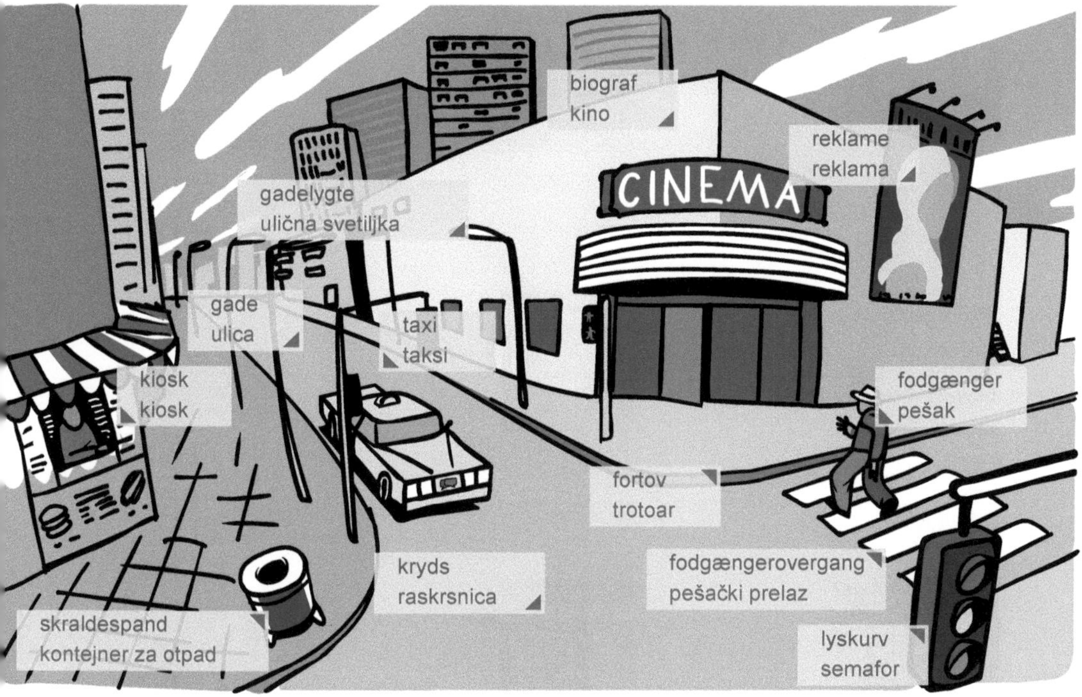

biograf
kino

reklame
reklama

gadelygte
ulična svetiljka

CINEMA

gade
ulica

taxi
taksi

kiosk
kiosk

fodgænger
pešak

fortov
trotoar

kryds
raskrsnica

fodgængerovergang
pešački prelaz

skraldespand
kontejner za otpad

lyskurv
semafor

hytte
koliba

lejlighed
stan

banegård
železnička stanica

rådhus
većnica

museum
muzej

skole
škola

universitet
univerzitet

bank
banka

sygehus
bolnica

hotel
hotel

apotek
apoteka

kontor
kancelarija

boghandel
knjižara

butik
prodavnica

blomsterbutik
cvećara

supermarked
supermarket

marked
trg

stormagasin
robna kuća

fiskehandler
ribarnica

butikscenter
trgovački centar

havn
luka

park
park

bænk
klupa

bro
most

trappe
stepenice

undergrundsbane
podzemna železnica

tunnel
tunel

busstoppested
autobuska stanica

barnevogn
bar

restaurant
restoran

postkasse
poštansko sanduče

vejskilt
ulični znak

parkometer
parkirni automat

zoo
zoološki vrt

badeanstalt
bazen

moske
džamija

bondegård
....
seosko gazdinstvo

miljøforurening
....
zagađenje okoline

kirkegård
....
groblje

kirke
....
crkva

legeplads
....
igralište

tempel
....
hram

landskab
pejsaž

blad
list

vejviser
putokaz

vej
put

eng
livada

sten
kamen

vandrer
šetač

træ
drvo

flod
reka

græs
trava

blomst
cvijet

dal

dolina

bjerg

planina

sø

jezero

skov

šuma

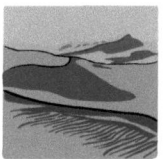

ørken

pustinja

vulkan

vulkan

slot

dvorac

regnbue

duga

svamp

gljiva

palme

palma

moskito

moskito

flue

muva

myre

mrav

bi

pčela

edderkop

pauk

bille
buba

frø
žaba

egern
veverica

pindsvin
jež

hare
zec

ugle
sova

fugl
ptica

svane
labud

vildsvin
divlja svinja

hjort
jelen

elg
los

dæmning
nasip

vindmølle
vetrenjača

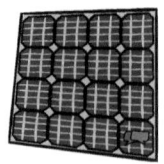

solcellemodul
solarna ploča

klima
klima

restaurant
restoran

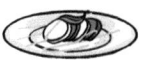

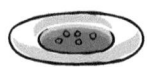

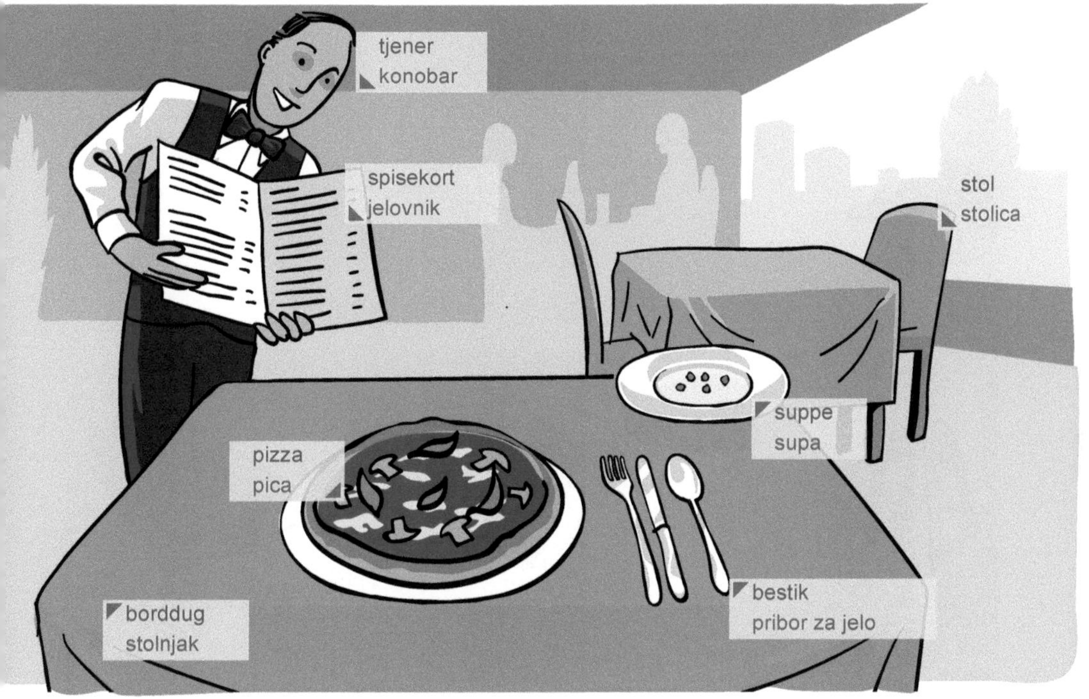

tjener
konobar
spisekort
jelovnik
stol
stolica
suppe
supa
pizza
pica
bestik
pribor za jelo
borddug
stolnjak

forret

predjelo

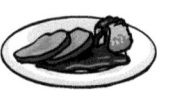

hovedret

glavno jelo

dessert

desert

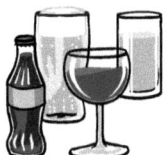

drikkevarer

napitci

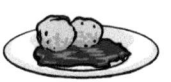

mad

jelo

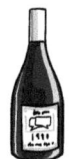

flaske

flaša

fastfood

brza hrana

streetfood

imbis hrana

tekande

čajnik

sukkerdåse

doza za šećer

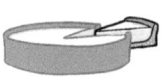

portion

porcija

espressomaskine

aparat za espresso

barnestol

visoka stolica

faktura

račun

tablet

poslužavnik

kniv

nož

gaffel

viljuška

ske

kašika

teske

čajna kašika

serviet

salveta

glas

čaša

tallerken

tanjir

dyb tallerken

tanjir za supu

underkop

tanjirić

sovs

sos

saltbøsse

soljenka

peberkværn

mlin za biber

eddike

sirće

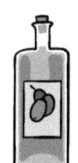

olie

ulje

krydderier

začini

ketchup

kečap

sennep

senf

mayonnaise

majoneza

supermarked
supermarket

tilbud
ponuda
FOR
kunde
kupac
mælkeprodukter
mlečni proizvodi
frugt
voće
indkøbsvogn
kolica za kupovinu

BUTCHERS

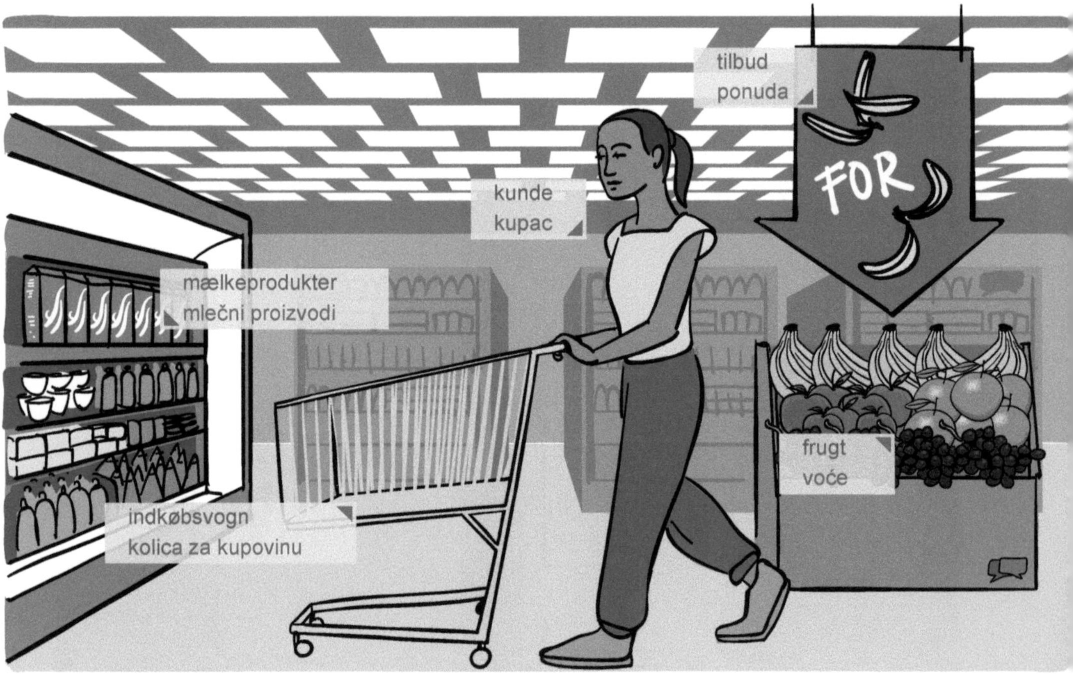

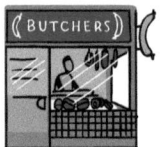

slagter

mesnica

BAKERY

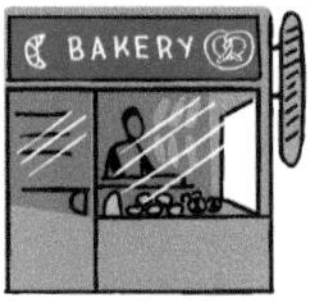

bageri

pekara

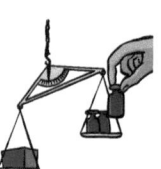

veje

vagati

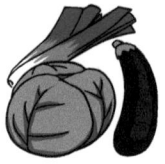

grøntsager

povrće

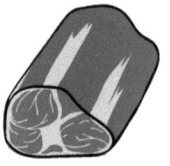

kød

meso

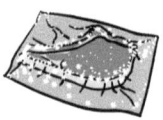

frostvarer

smrznuta hrana

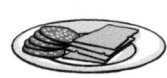

pålæg

narezak

konserves

konzerve

vaskemiddel

sredstvo za pranje

slik

slatkiši

husholdningsvarer

artikli za domaćinstvo

rengøringsmidler

sredstva za čišćenje

ekspedient

prodavačica

kasse

blagajna

kasserer

blagajnik

indkøbsliste

lista za kupovinu

åbningstider

vreme rada

tegnebog

novčanik

kreditkort

kreditna kartica

taske

torba

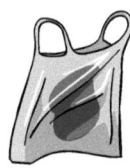

plasticpose

plastična kesa

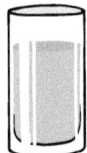

vand

voda

saft

sok

mælk

mleko

cola

kola

vin

vino

øl

pivo

alkohol

alkohol

kakao

kakao

te

čaj

kaffe

kava

espresso

espresso

cappuccino

cappuccino

banan

banana

æble

jabuka

appelsin

narandža

melon

lubenica

citron

limun

gulerod

šargarepa

hvidløg

beli luk

bambus

bambus

løg

luk

svamp

gljiva

nødder

orašasti plodovi

nudler

rezanci

spaghetti

špagete

ris

riža

salat

salata

pomfritter

pomfrit

stegte kartofler

pečeni krumpir

pizza

pica

hamburger

hamburger

sandwich

sendvič

schnitzel

šnicla

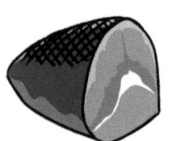

skinke

šunka

salami

salama

pølse

kobasica

kylling

kokoš

steg

pečenje

fisk

riba

havregryn

zobene pahuljice

mysli

musli

cornflakes

kukuruzne pahuljice

mel

brašno

croissant

kroasan

rundstykke

pecivo

brød

hleb

toast

toast

kiks

keksi

smør

maslac

kvark

sveži sir

kage

kolač

æg

jaje

spejlæg

jaje na oko

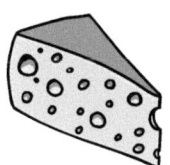

ost

sir

is
....
sladoled

sukker
....
šećer

honning
....
med

marmelade
....
marmelada

nougat-creme
....
nugat krema

karry
....
kari

bondegård
seosko gazdinstvo

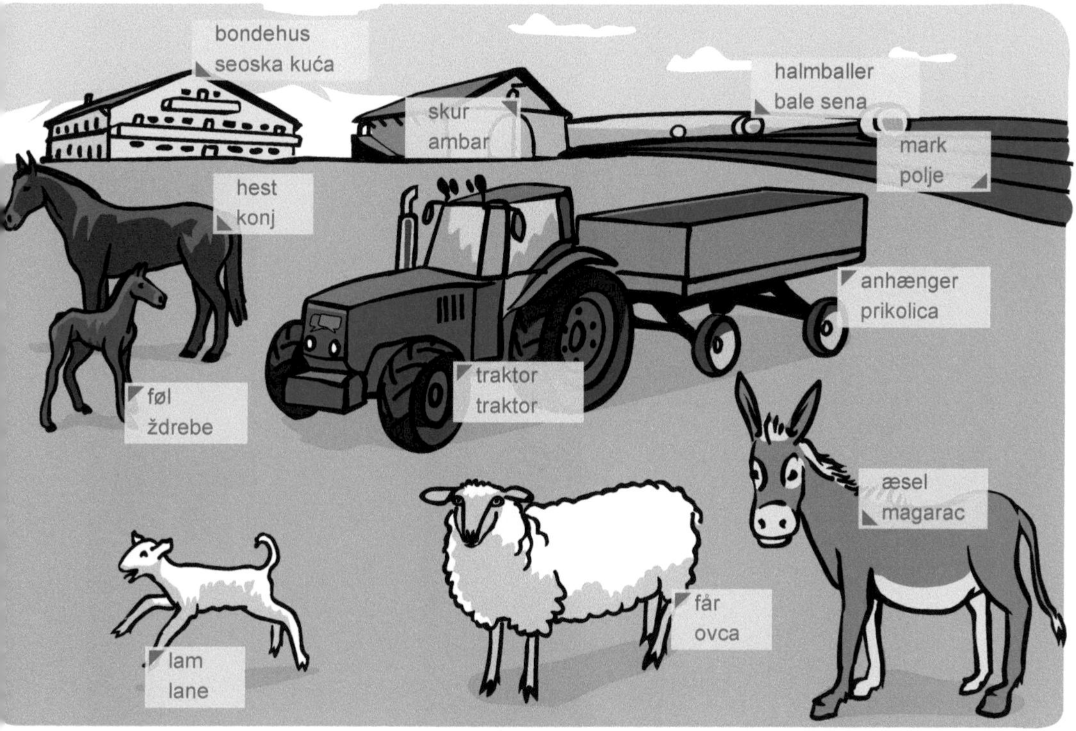
bondehus
seoska kuća
skur
ambar
halmballer
bale sena
mark
polje
hest
konj
anhænger
prikolica
føl
ždrebe
traktor
traktor
æsel
magarac
får
ovca
lam
lane

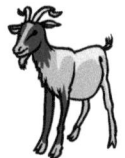

ged

koza

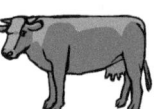

ko

krava

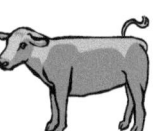

kalv

tele

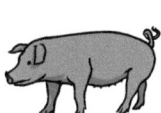

svin

svinja

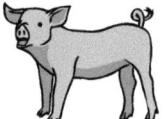

gris

prase

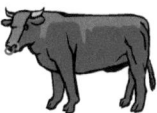

tyr

bik

gås

guska

and

patka

kylling

pilići

høne

kokoš

hane

petao

rotte

pacov

kat

mačka

mus

miš

okse

vol

hund

pas

hundehus

kućica za psa

haveslange

vrtno crevo

vandkande

kanta za polivanje

le

kosa

plov

plug

segl
srp

hakkejern
motika

møggreb
viljuška za đubrivo

økse
sekira

trillebør
tačke

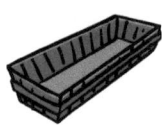

trug
korito

mælkekande
posuda za mleko

sæk
vreća

hæk
ograda

stald
štala

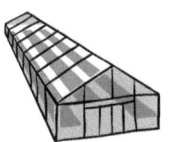

drivhus
staklenik

jord
zemlja

frø
seme

gødning
đubrivo

mejetærsker
kombajn

høste
....
žeti

høst
....
žetva

yams
....
jams začin

hvede
....
pšenica

soja
....
soja

kartoffel
....
krumpir

majs
....
kukuruz

raps
....
uljana repica

frugttræ
....
voćka

maniok
....
gomolj manioke

korn
....
žitarice

hus
kuća

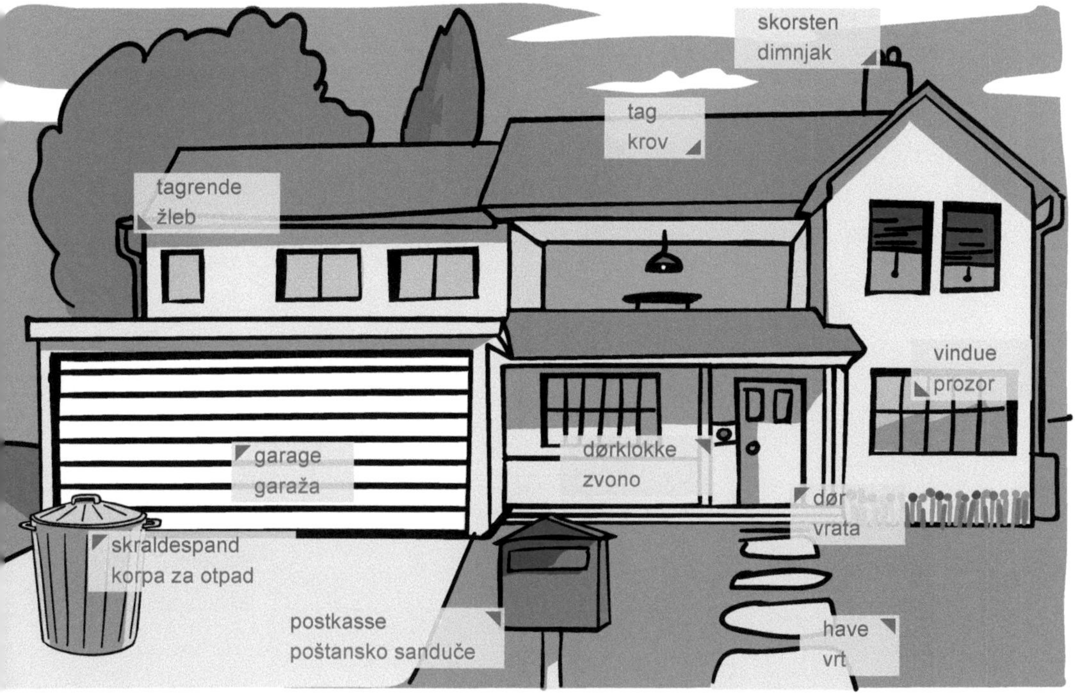
skorsten
dimnjak
tag
krov
tagrende
žleb
vindue
prozor
garage
garaža
dørklokke
zvono
dør
vrata
skraldespand
korpa za otpad
postkasse
poštansko sanduče
have
vrt

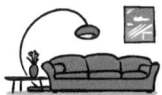

stue

dnevna soba

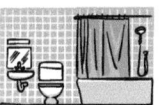

badeværelse

kupaonica

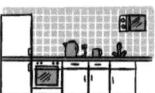

køkken

kuhinja

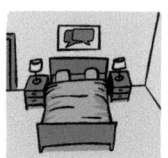

soveværelse

spavaća soba

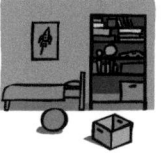

børneværelse

dečija soba

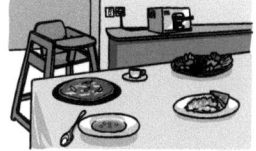

spisestue

trpezarija

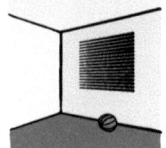

gulv

pod

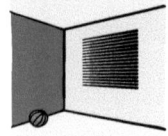

væg

zid

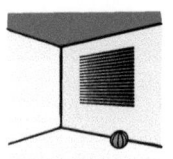

loft

strop

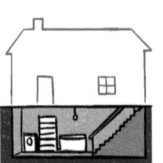

kælder

podrum

sauna

sauna

altan

balkon

terrasse

terasa

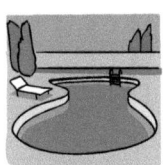

svømmehal

bazen

plæneklipper

kosilica za travu

dynebetræk

posteljina za krevet

dyne

deka za krevet

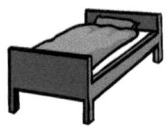

seng

krevet

kost

metla

spand

kanta

kontakt

prekidač

stue
dnevna soba

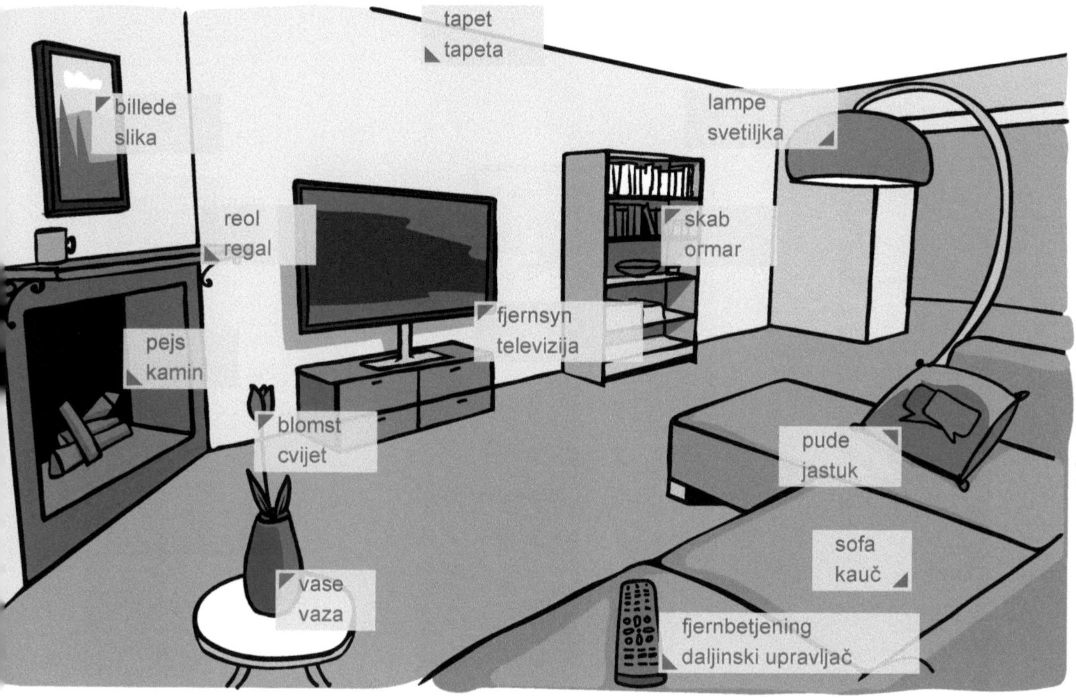
tapet
tapeta
billede
slika
lampe
svetiljka
reol
regal
skab
ormar
fjernsyn
televizija
pejs
kamin
blomst
cvijet
pude
jastuk
sofa
kauč
vase
vaza
fjernbetjening
daljinski upravljač

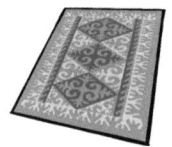

gulvtæppe

tepih

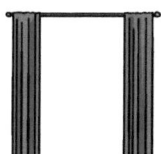

gardin

zavesa

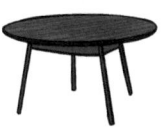

bord

sto

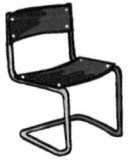

stol

stolica

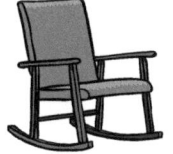

gyngestol

stolica za njihanje

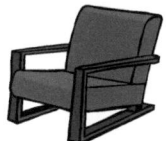

lænestol

fotelja

bog

knjiga

tæppe

deka

dekoration

dekoracija

brænde

drvo za ogrev

film

film

stereoanlæg

hi-fi uređaj

nøgle

ključ

avis

novine

maleri

slika na platnu

plakat

poster

radio

radio

notesblok

blok za pisanje

støvsuger

usisivač

kaktus

kaktus

lys

sveća

køkken
kuhinja

køleskab
frižider
mikrobølgeovn
mikrotalasna rerna
køkkenvægt
kuhinjska vaga
brødrister
toaster
rengøringsmiddel
sredstvo za čišćenje
bageovn
rerna
fryserum
pretinac za zamrzavanje
skraldespand
korpa za otpad
opvaskemaskine
mašina za pranje suđa

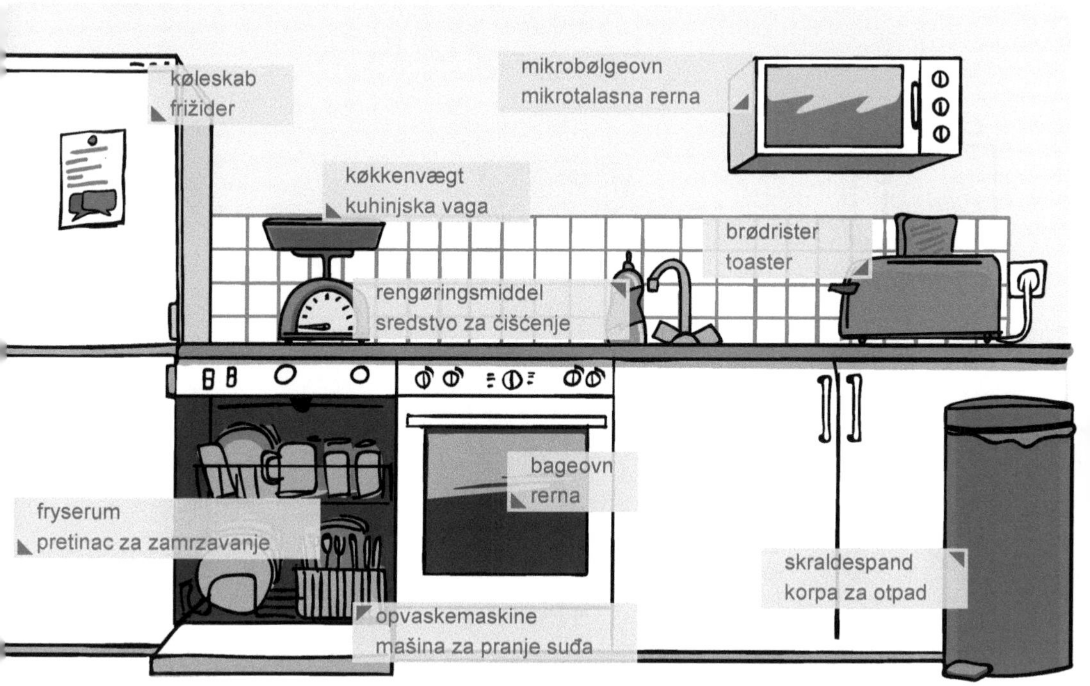

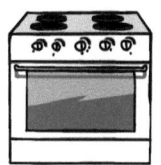

komfur

šporet

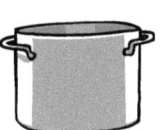

gryde

lonac

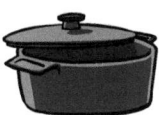

jerngryde

gvozdeni lonac

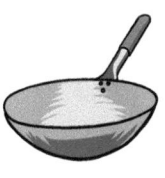

wok / kadai

wok / kadai

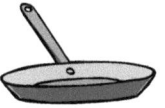

pande

tava

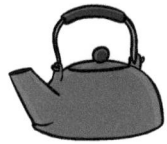

elkedel

kuvalo za vodu

dampkoger

kuvalo na paru

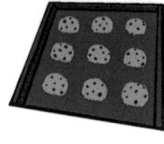

bageplade

lim za pečenje

service

posuđe

bæger

čaša

skål

posuda

spisepinde

štapići za jelo

øseske

kutlača

paletkniv

lopatica

piskeris

penjača

dørslag

sito za kuvanje

si

sito

rive

ribež

morter

mužar

grille

roštilj

ildsted

ognjište

skærebræt

daska

kagerulle

oklagija

proptrækker

vadičep

dåse

konzerva

dåseåbner

otvarač konzervi

grydelap

krpa za lonac

køkkenvask

sudoper

børste

četka

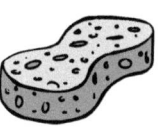

svamp

sunđer

blender

mikser

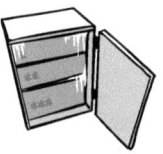

dybfryser

zamrzivač

sutteflaske

flašica za bebe

vandhane

slavina za vodu

badeværelse
kupaonica

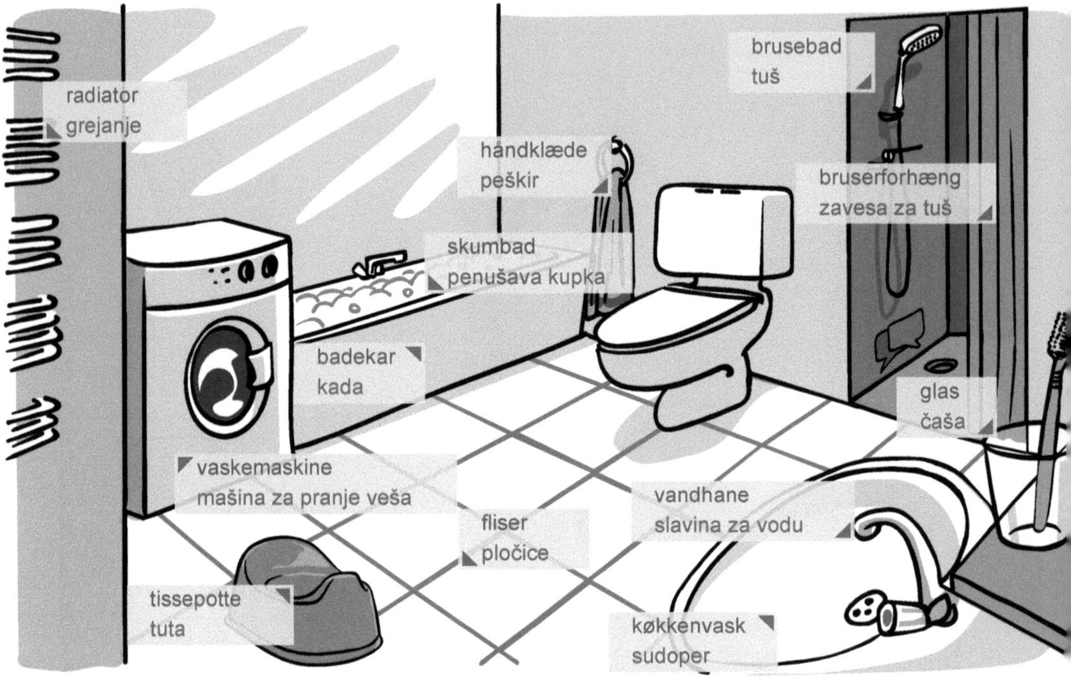
radiator
grejanje
håndklæde
peškir
brusebad
tuš
bruserforhæng
zavesa za tuš
skumbad
penušava kupka
badekar
kada
glas
čaša
vaskemaskine
mašina za pranje veša
vandhane
slavina za vodu
fliser
pločice
tissepotte
tuta
køkkenvask
sudoper

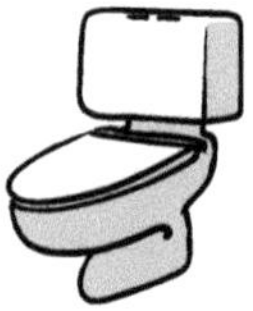

toilet

toalet

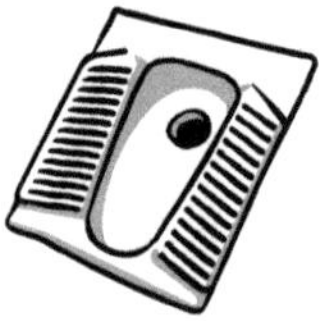

hugsiddende toilet

čučavac

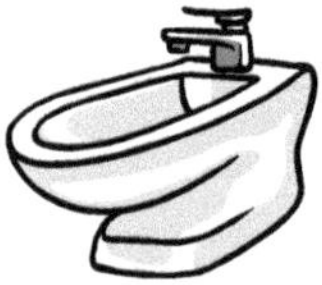

bidet

bidet

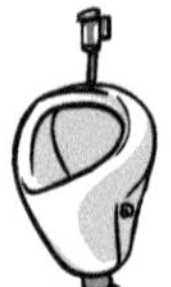

pissoir

pisoar

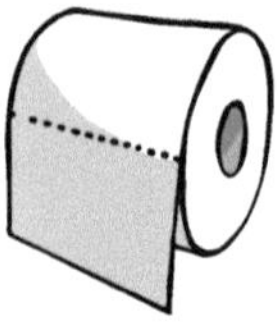

toiletpapir

toaletni papir

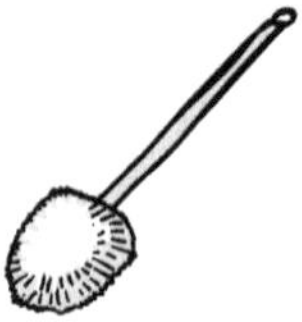

toiletbørste

četka za toalet

tandbørste

četkica za zube

tandpasta

pasta za zube

tandtråd

konac za zube

vaske

prati

håndbruser

tuš ručica

intimbruser

tuš za pranje intimnih delova

vaskefad

lavor

badebørste

četka za pranje leđa

sæbe

sapun

brusegele

gel za tuširanje

shampoo

šampon

vaskeklud

krpa za pranje

afløb

odvod

creme

krema

deodorant

dezodorans

spejl

ogledalo

kosmetikspejl

kozmetičko ogledalo

barberhøvl

brijač

barberskum

pena za brijanje

barbervand

losion za posle brijanja

kam

češalj

børste

četka

hårtørrer

fen za kosu

hårspray

sprej za kosu

makeup

makeup

læbestift

ruž za usne

neglelak

lak za nokte

vat

vata

neglesaks

makaze za nokte

parfume

parfem

toilettaske

kozmetička torbica

skammel

stolica

vægt

vaga

badekåbe

ogrtač

gummihandsker

rukavice za čišćenje

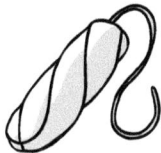

tampon

tampon

damebind

uložak

kemisk toilet

hemijski toalet

børneværelse
dečija soba

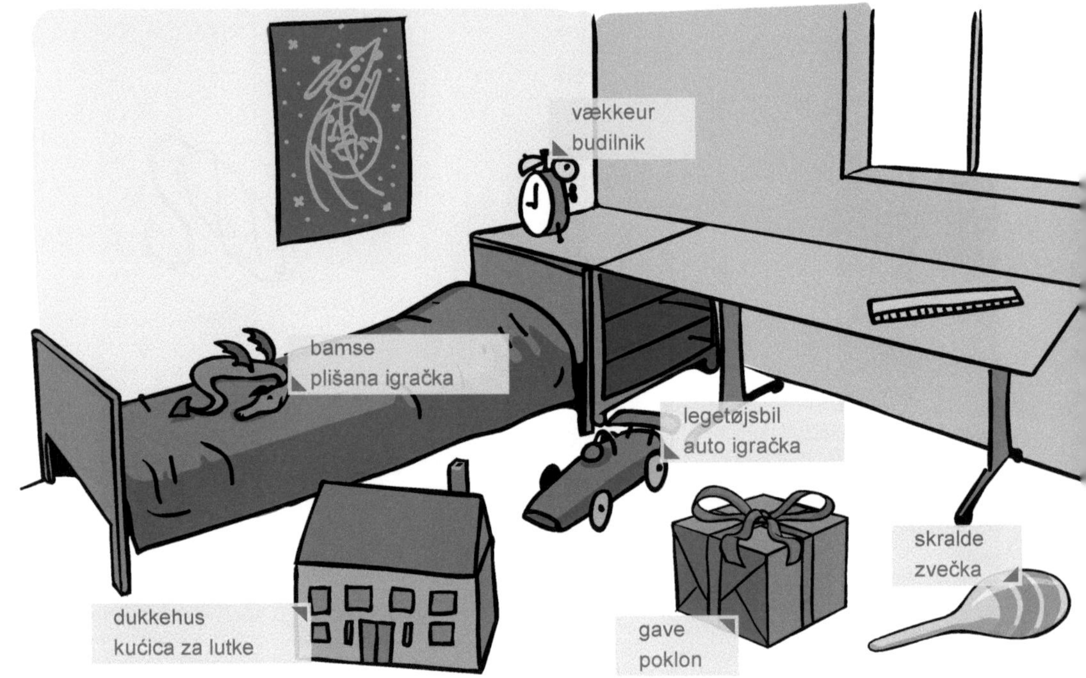
vækkeur
budilnik
bamse
plišana igračka
legetøjsbil
auto igračka
skralde
zvečka
dukkehus
kućica za lutke
gave
poklon

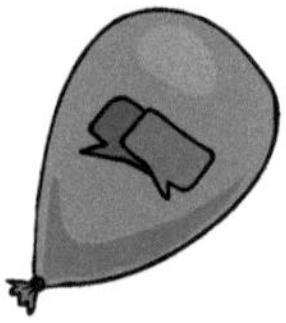

ballon
balon

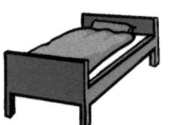

seng
krevet

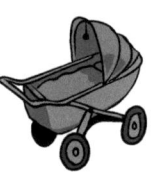

barnevogn
dječija kolica

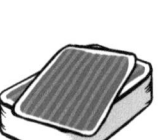

kortspil
igra s kartama

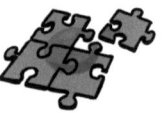

puslespil
slagalica

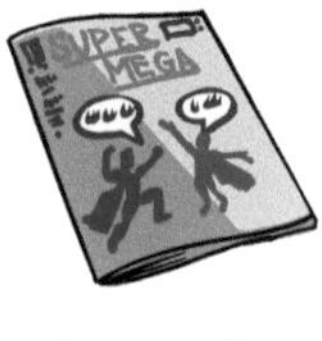

tegneserie
strip

legoklodser

lego kockice

byggeklodser

kockice za slaganje

action figur

akcioni junak

sparkedragt

benkica za bebe

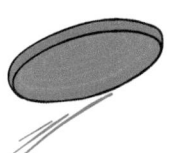

frisbee

frizbi

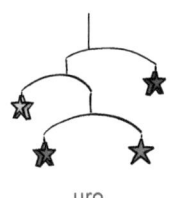

uro

viseće igračke

brætspil

društvene igre

terning

kocka

modeljernbane

minijaturna željeznica

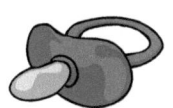

sut

duda

fest

zabava

billedbog

slikovnica

bold

lopta

dukke

lutka

lege

igrati

sandkasse

pješčanik

gynge

ljuljačka

legetøj

igračka

spillekonsol

konzola za igre

trehjulet cykel

tricikl

bamse

tedi

klædeskab

ormar

sokker

kratke čarape

strømper

čarape

strømpebukser

hulahopke

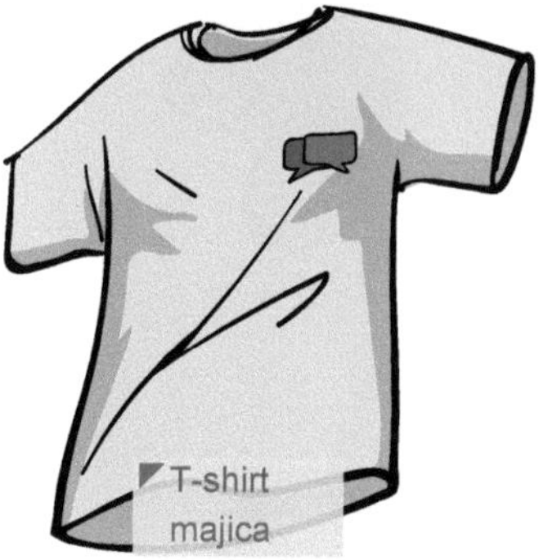

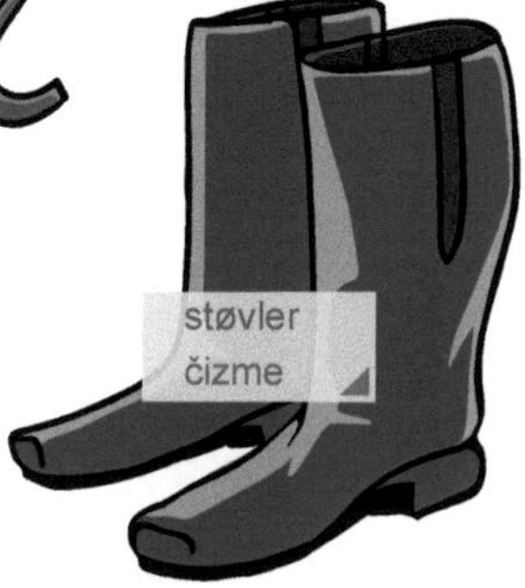

sjal
šal

bælte
kaiš

paraply
kišobran

T-shirt
majica

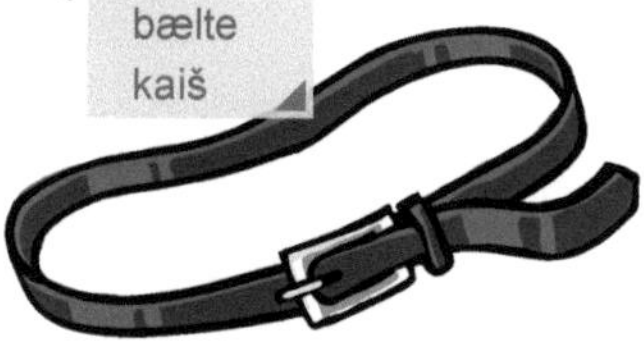

sneakers
patike

støvler
čizme

hjemmesko
papuče

sandaler
....
sandale

sko
....
cipele

gummistøvler
....
gumene čizme

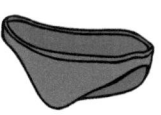

underbukser
....
gaćice

BH
....
grudnjak

undertrøje
....
potkošulja

body
bodi

bukser
pantalone

jeans
farmerke

nederdel
suknja

bluse
bluza

skjorte
košulja

pullover
džemper

sweatshirt
džemper s kapuljačom

blazer
sako

jakke
jakna

frakke
kaput

regnfrakke
kabanica

kostume
kostim

kjole
haljina

brudekjole
venčanica

tøj - odeća

jakkesæt
odelo

nattrøje
spavaćica

pyjamas
pidžama

sari
sari

hovedtørklæde
marama za glavu

turban
turban

burka
burka

kaftan
kaftan

abaya
abaja

badedragt
kupaći kostim

badebukser
kupaće gaćice

korte bukser
kratke pantalone

træningsdragt
odeća za trening

forklæde
kecelja

handsker
rukavice

knap

dugme

briller

naočare

armbånd

narukvica

kæde

ogrlica

ring

prsten

ørering

naušnica

hue

kapa

bøjle

vešalica

hat

šešir

slips

kravata

lynlås

patent zatvarač

hjelm

kaciga

seler

naramenice

skoleuniform

školska uniforma

uniform

uniforma

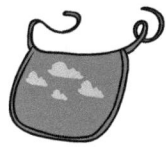

hagesmæk

podbradak

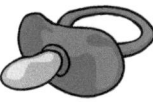

sut

duda

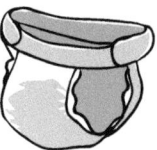

ble

pelena

kontor

kancelarija

server
server
arkivskab
ormar za spise
printer
štampač
papir
papir
skærm
monitor
mus
miš
skrivebord
pisaći stol
mappe
mapa
tastatur
tastatura
papirkurv
košara za papir
computer
kompjuter
stol
stolica

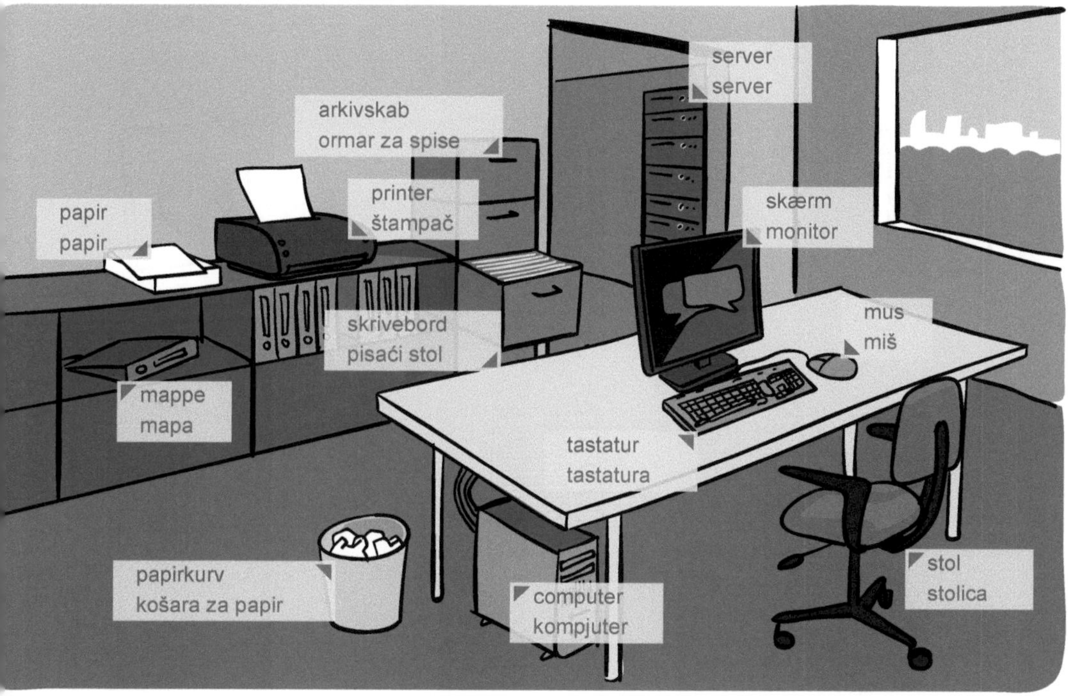

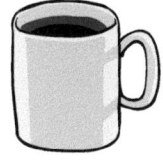

kaffekrus

šalica za kavu

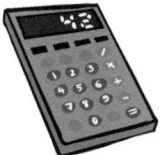

lommeregner

kalkulator

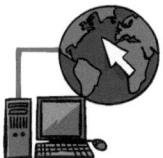

internet

internet

bærbar

laptop

brev

pismo

besked

poruka

mobil

mobilni telefon

netværk

mreža

kopimaskine

uređaj za kopiranje

software

softver

telefon

telefon

stikdåse

utičnica

fax

faks

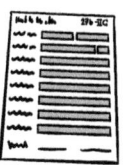

formular

formular

dokument

dokument

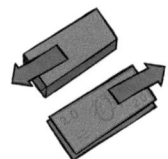

købe

kupovati

betale

platiti

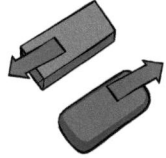

handle

trgovati

penge

novac

dollar

dolar

euro

evro

yen

jen

rubel

rublja

schweizerfranc

švajcarski franak

renminbi yuan

renmindbi juan

rupee

rupija

hæveautomat

automat za novac

vekselkontor

menjačnica

guld

zlato

sølv

srebro

olie

nafta

energi

energija

pris

cena

kontrakt

ugovor

skat

porez

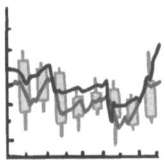

aktie

deonica

arbejde

raditi

ansat

službenik

arbejdsgiver

poslodavac

fabrik

fabrika

butik

prodavnica

erhverv

zanimanja

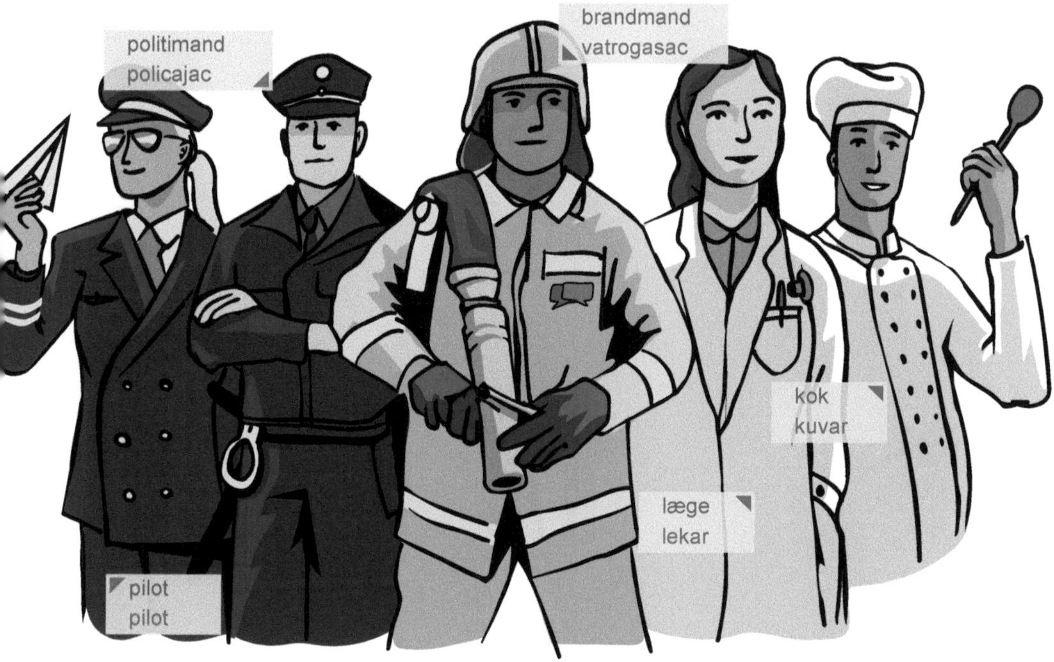

politimand
policajac
brandmand
vatrogasac
kok
kuvar
lække
lekar
pilot
pilot

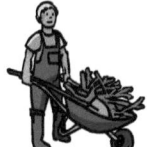

gartner

vrtlar

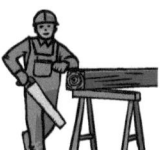

tømrer

stolar

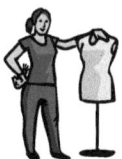

syerske

krojačica

dommer

sudija

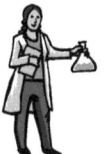

kemiker

hemičar

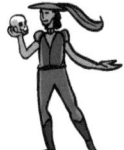

skuespiller

glumac

buschauffør

vozač autobusa

taxachauffør

vozač taksija

fisker

ribar

rengøringskone

čistačica

tagdækker

krovopokrivač

tjener

konobar

jæger

lovac

maler

slikar

bager

pekar

elektriker

električar

bygningsarbejder

građevinski radnik

ingeniør

inženjer

slagter

mesar

vvs-mand

limar

postbud

poštar

soldat
vojnik

arkitekt
arhitekta

kasserer
blagajnik

blomsterhandler
cvećar

frisør
frizer

togfører
kondukter

mekaniker
mehaničar

kaptajn
kapetan

tandlæge
zubar

videnskabsmand
naučnik

rabbiner
rabi

imam
imam

munk
monah

præst
svećenik

værktøj

alati

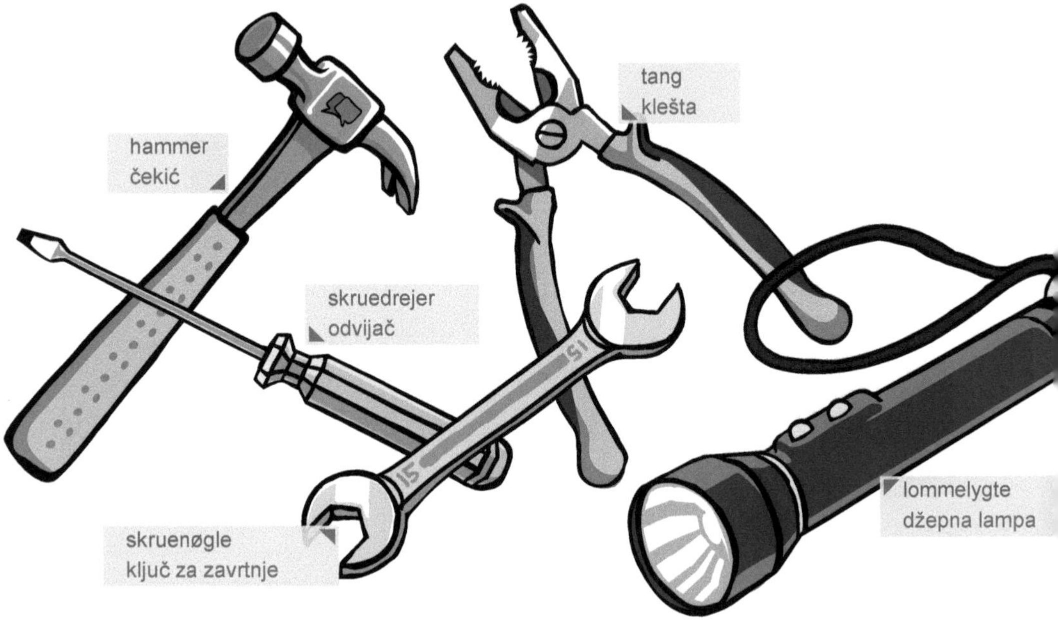

hammer
čekić
tang
klešta
skruedrejer
odvijač
skruenøgle
ključ za zavrtnje
lommelygte
džepna lampa

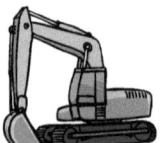

gravemaskine

bager

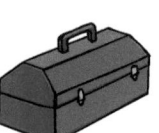

værktøjskasse

kutija za alat

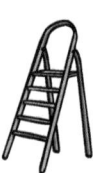

stige

merdevine

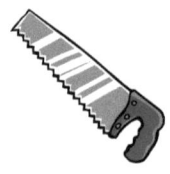

sav

pila

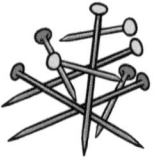

søm

ekser

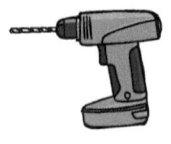

bor

bušilica

reparere
....
popraviti

skovl
....
lopata

Lort!
....
do đavola!

fejebakke
....
lopatica

malerspand
....
lonac za boju

skruer
....
zavrtanji

musikinstrumenter
muzički instrument

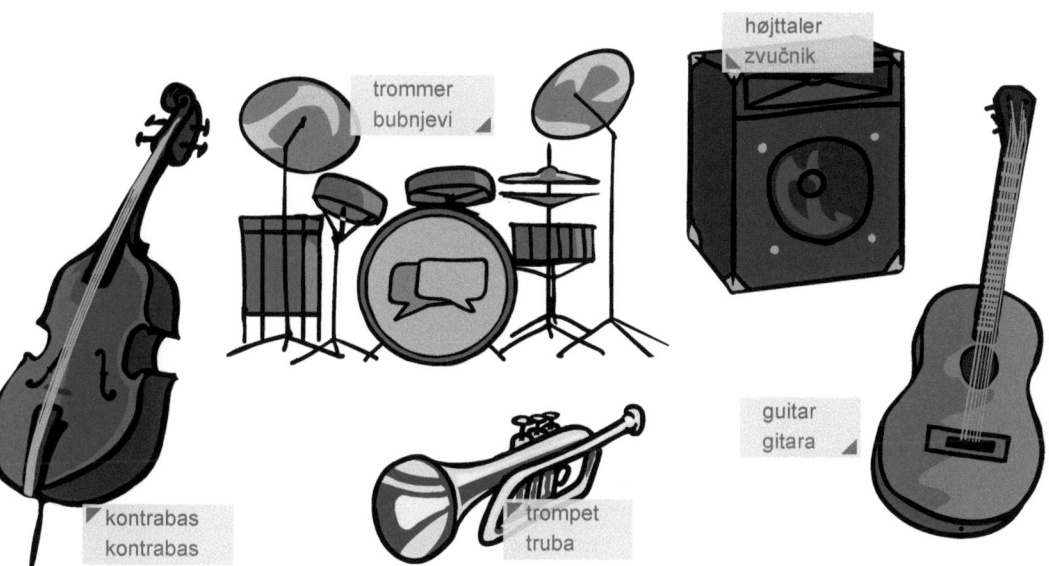

trommer
bubnjevi

højttaler
zvučnik

guitar
gitara

kontrabas
kontrabas

trompet
truba

klaver

klavir

violin

violina

bas

bas

pauke

timpani

tromme

udaraljke za bubnjeve

keyboard

tipke klavira

saxofon

saksofon

fløjte

flauta

mikrofon

mikrofon

zoo

zoološki vrt

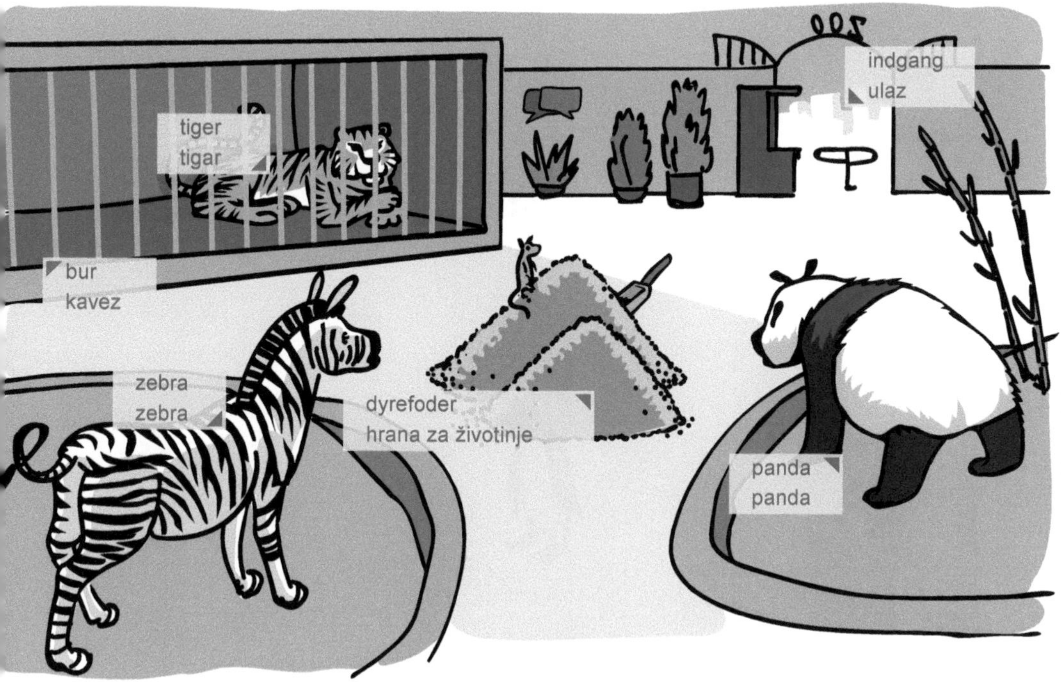

indgang
ulaz
tiger
tigar
bur
kavez
zebra
zebra
dyrefoder
hrana za životinje
panda
panda

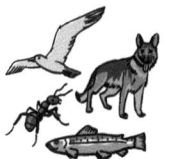

dyr

životinje

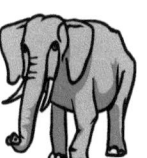

elefant

slon

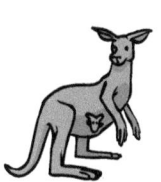

kænguru

kengur

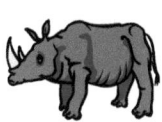

næsehorn

nosorog

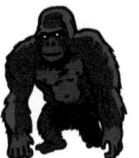

gorilla

gorila

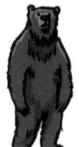

bjørn

medved

kamel

kamila

struds

noj

løve

lav

abe

majmun

flamingo

flamingo

papegøje

papagaj

isbjørn

polarni medved

pingvin

pingvin

haj

ajkula

påfugl

paun

slange

zmija

krokodille

krokodil

dyrepasser

čuvar u zoološkom vrtu

sæl

tuljan

jaguar

jaguar

pony
poni

leopard
leopard

flodhest
nilski konj

giraf
žirafa

ørn
orao

vildsvin
divlja svinja

fisk
riba

skildpadde
kornjača

hvalros
morž

ræv
lisica

gazelle
gazela

zoo - zoološki vrt

amerikansk football
američki nogomet

cykling
biciklizam

tennis
tenis

basketball
košarka

svømning
plivanje

boksning
boks

ishockey
hokej na ledu

fodbold
fudbal

badminton
badminton

atletik
atletika

håndbold
rukomet

skiløb
skijanje

polo
polo

grine / smejati se

springe / skočiti

give et knus / zagrliti

gå / ići

synge / pevati

drømme / sanjati

bede / moliti se

kysse / poljubiti

skrive
pisati

tegne
crtati

vise
pokazati

skubbe
gurati

give
dati

tage
uzeti

have
imati

gøre
činiti

være
biti

stå
stojati

løbe
trčati

trække
povlačiti

kaste
baciti

falde
padati

ligge
ležati

vente
čekati

bære
nositi

sidde
sediti

tage på
oblačiti

sove
spavati

vågne
probuditi se

se på
gledati

græde
plakati

ae
milovati

kæmme
češljati

tale
govoriti

forstå
razumeti

spørge
pitati

høre
slušati

drikke
piti

spise
jesti

rydde op
pospremiti

elske
voleti

koge
kuhati

køre
voziti

flyve
leteti

aktiviteter - aktivnosti

65

sejle
ploviti

regne
računati

læse
čitati

lære
učiti

arbejde
raditi

gifte sig med
venčati se

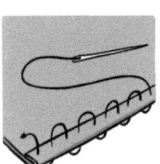

sy
šiti

børste tænder
prati zube

dræbe
ubiti

ryge
pušiti

sende
poslati

bedstemor
baka

bedstefar
deda

far
otac

mor
majka

baby
beba

datter
kćerka

søn
sin

gæst
gost

tante
tetka

onkel
ujak, stric

bror
brat

søster
sestra

krop

telo

pande
čelo
øje
oko
skulder
rame
finger
prst
ansigt
lice
hage
brada
hånd
ruka
ben
noga
bryst
grudi
arm
ruka

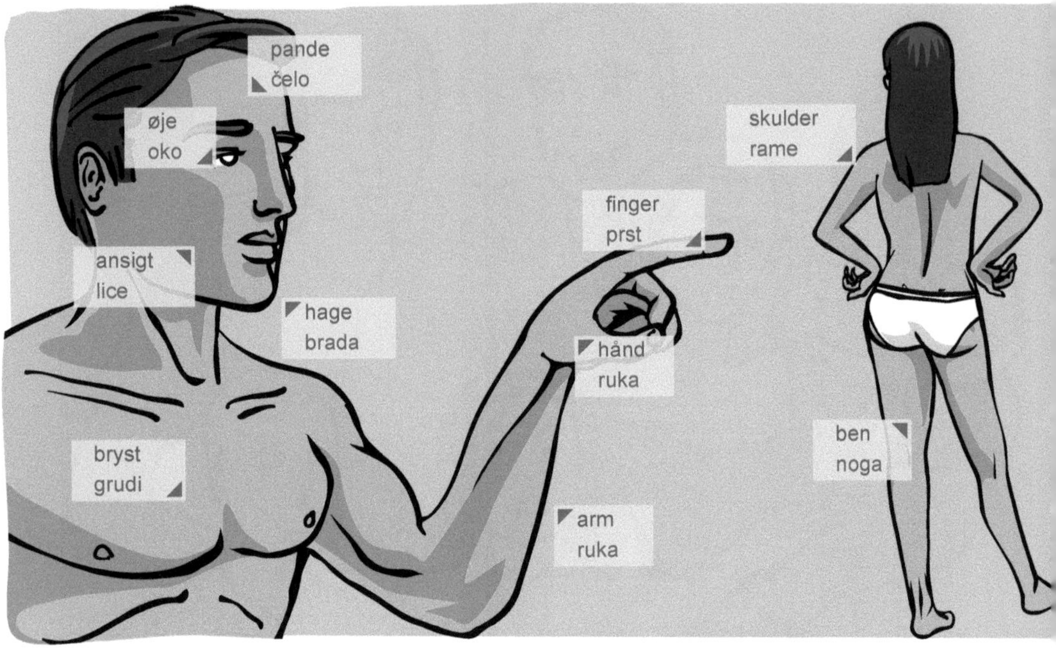

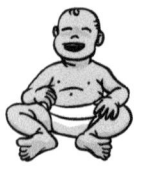

baby
beba

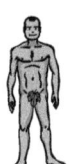

mand
muškarac

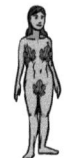

kvinde
žena

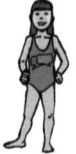

pige
devojčica

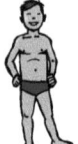

dreng
dečak

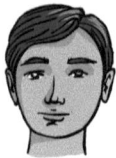

hoved
glava

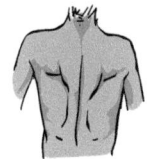

ryg
leđa

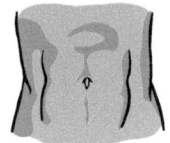

mave
stomak

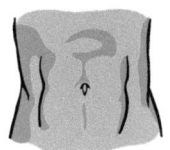

navle
pupak

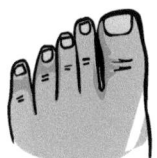

tå
nožni prst

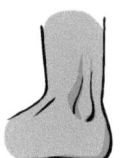

hæl
peta

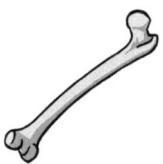

knogle
kost

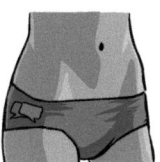

hofte
kukovi

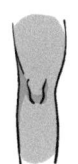

knæ
koleno

albue
lakat

næse
nos

bagdel
zadnjica

hud
koža

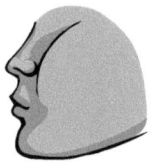

kind
obraz

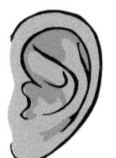

øre
uvo

læbe
usna

mund
usta

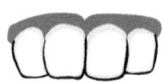

tand
zub

tunge
jezik

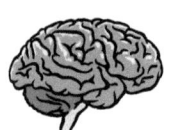

hjerne
mozak

hjerte
srce

muskel
mišić

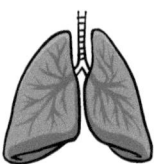

lunge
pluća

lever
jetra

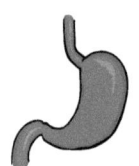

mavesæk
želudac

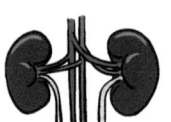

nyrer
bubrezi

sex
polni odnos

kondom
kondom

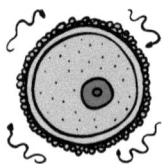

ægcelle
jajna ćelija

sperm
sperma

svangerskab
trudnoća

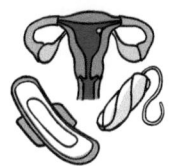

menstruation

menstruacija

vagina

vagina

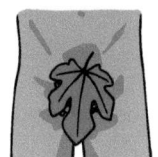

penis

penis

øjenbryn

obrva

hår

kosa

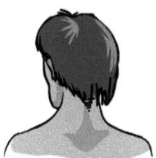

hals

vrat

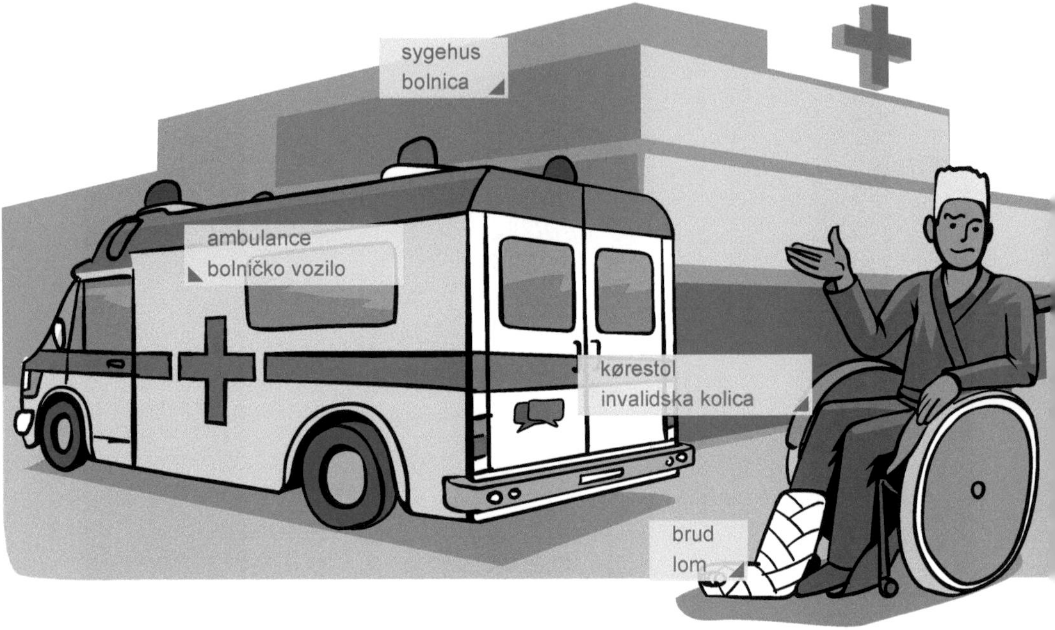

sygehus
bolnica

ambulance
bolničko vozilo

kørestol
invalidska kolica

brud
lom

læge

lekar

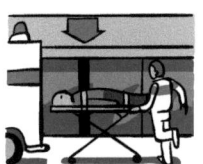

akutmodtagelse

hitna medicinska služba

sygeplejerske

medicinska sestra

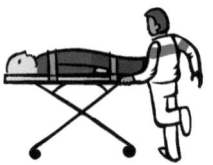

nødstilfælde

hitni slučaj

bevidstløs

nesvest

smerte

bol

skade

povreda

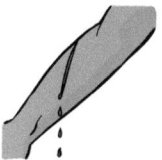

blødning

krvarenje

hjerteinfarkt

srčani udar

slagtilfælde

udar

allergi

alergija

hoste

kašalj

feber

groznica

influenza

gripa

diarré

proliv

hovedpine

glavobolja

kræft

rak

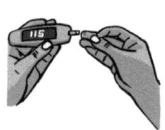

diabetes

dijabetes

kirurg

hirurg

skalpel

skalpel

operation

operacija

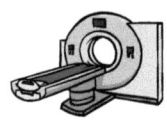

CT
ct

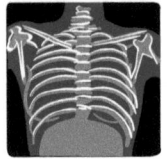

røntgen
rentgen

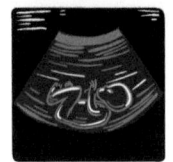

ultralyd
ultrazvuk

maske
maska

sygdom
bolest

venteværelse
čekaona

krykke
štaka

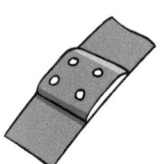

plaster
flaster

forbinding
zavoj

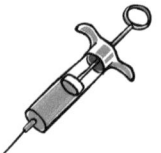

injektion
injekcija

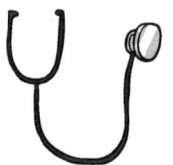

stetoskop
stetoskop

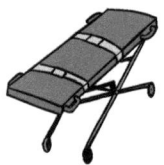

båre
nosila

termometer
termometar

fødsel
rođenje

overvægt
prekomerna težina

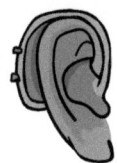

høreapparat

slušni aparat

desinficerende middel

sredstvo za dezinfekciju

infektion

infekcija

virus

virus

HIV / AIDS

HIV / AIDS

medicin

medicina

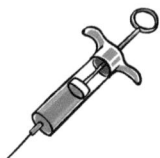

vaccination

vakcinacija

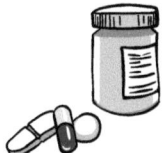

tabletter

tablete

pille

pilula

nødopkald

hitni poziv

blodtryksmåler

uređaj za merenje pritiska

syg / rask

bolesno / zdravo

Hjælp!

pomoć!

alarm

alarm

overfald

nasrtaj

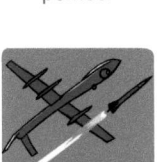

angreb

napad

fare

opasnost

nødudgang

izlaz u slučaju nužde

Det brænder!

požar!

ildslukker

protivpožarni aparat

uheld

nezgoda

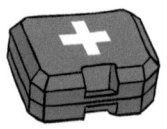

førstehjælps-kuffert

kutija prve pomoći

SOS

sos

politi

policija

Europa

Evropa

Nordamerika

Severna Amerika

Sydamerika

Južna Amerika

Afrika

Afrika

Asien

Azija

Australien

Australija

Atlanterhavet

Atlantik

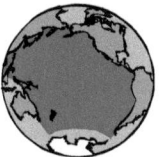

Stillehavet

Pacifik

Indiske Ocean

Indijski okean

Sydlige Ishav

Antarktički okean

Ishav

Arktički ocean

Nordpol

Severni pol

Sydpol

Južni pol

Antarktis

Antarktik

Jorden

zemlja

land

zemlja

hav

more

ø

otok

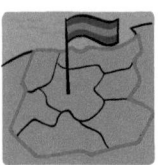

nation

nacija

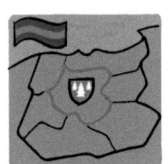

stat

država

urskive

brojčanik sata

timeviser

satna kazaljka

minutviser

minutna kazaljka

sekundviser

sekundna kazaljka

Hvad er klokken?

Koliko je sati?

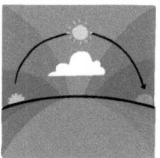

dag

dan

tid

vreme

nu

sada

digitalur

digitalni sat

minut

minuta

time

čas

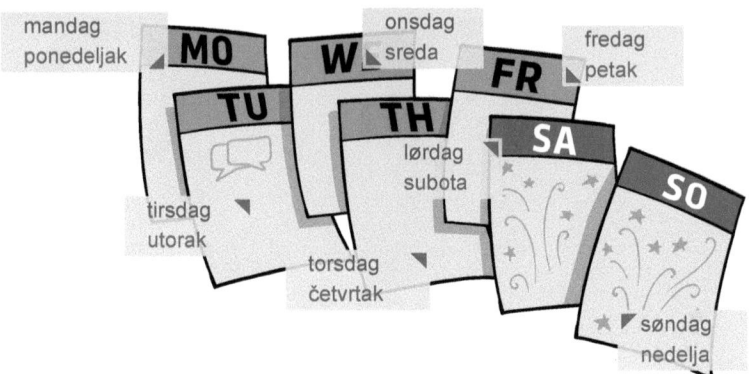

mandag
ponedeljak

onsdag
sreda

fredag
petak

tirsdag
utorak

lørdag
subota

torsdag
četvrtak

søndag
nedelja

i går
·············
juče

i dag
·············
danas

i morgen
·············
sutra

morgen
·············
jutro

middag
·············
podne

aften
·············
veče

MO	TU	WE	TH	FR	SA	SU
1	2	3	4	5	6	7
8	9	10	11	12	13	14
15	16	17	18	19	20	21
22	23	24	25	26	27	28
29	30	31	1	2	3	4

arbejdsdage
·············
radni dani

MO	TU	WE	TH	FR	SA	SU
1	2	3	4	5	6	7
8	9	10	11	12	13	14
15	16	17	18	19	20	21
22	23	24	25	26	27	28
29	30	31	1	2	3	4

weekend
·············
vikend

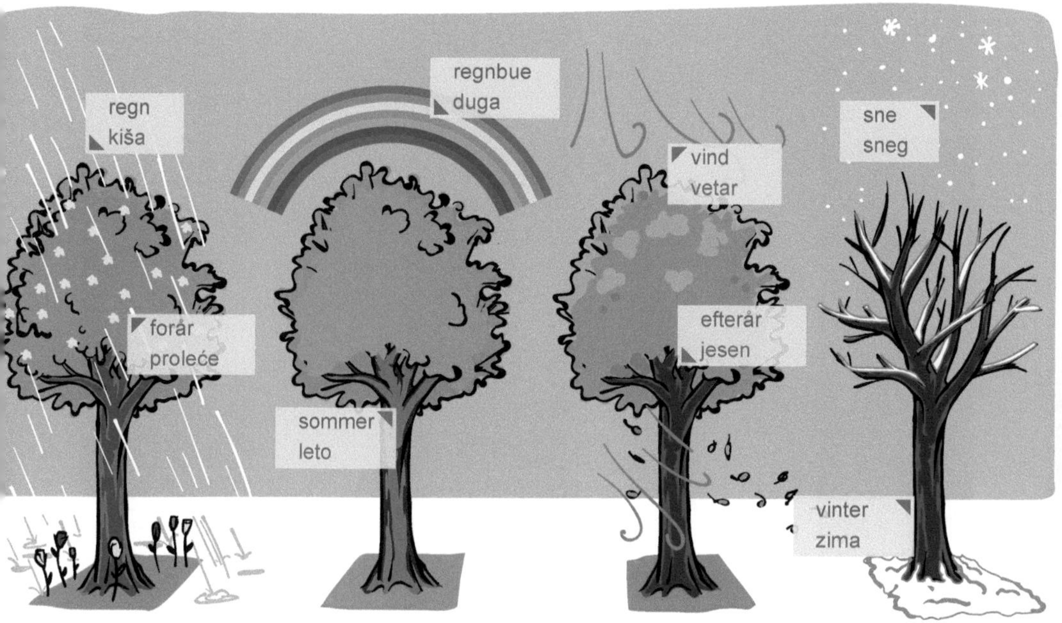

regn
kiša
regnbue
duga
vind
vetar
sne
sneg
forår
proleće
efterår
jesen
sommer
leto
vinter
zima

4.APRIL 11°
5.APRIL 4°
6.APRIL 13°
7.APRIL 8°
8.APRIL 10°

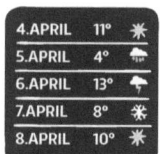

vejrudsigt

meteorološka prognoza

F
C
120
90
60
30
0
-30
40
30
20
10
0
-10
-20

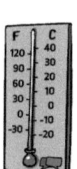

termometer

termometar

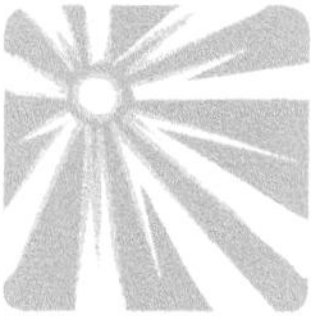

solskin

sunčana svetlost

sky

oblak

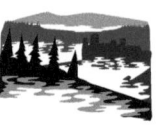

tåge

magla

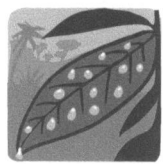

luftfugtighed

vlažnost vazduha

lyn
munja

torden
grmljavina

storm
oluja

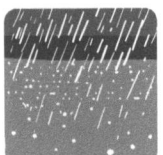

hagl
tuča

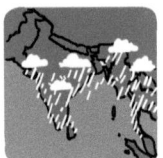

monsun
monsun

flod
poplava

is
led

januar
januar

februar
februar

marts
mart

april
april

maj
maj

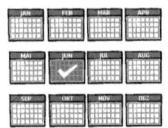

juni
juni

juli
juli

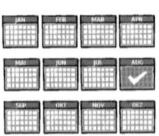

august
avgust

september
september
septembar

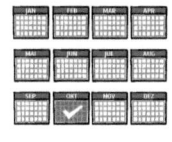

oktober
oktober
oktobar

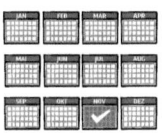

november
november
novembar

december
december
decembar

former
oblici

cirkel
krug

kvadrat
kvadrat

firkant
pravougao

trekant
trougao

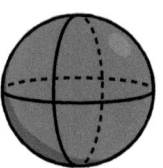

kugle
kugla

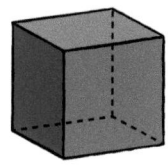

terning
kocka

hvid

bela

gul

žuta

orange

narandžasta

pink

ružičasta

rød

crvena

lilla

ljubičasta

blå

plava

grøn

zelena

brun

smeđa

grå

siva

sort

crna

meget / lidt

mnogo / malo

rasende / fredelig

ljutito / mirno

smuk / grim

lepo / ružno

begyndelse / slut

početak / kraj

stor / lille

veliko / maleno

lys / mørk

svetlo / tamno

bror / søster

brat / sestra

ren / snavset

čisto / prljavo

fuldkommen / ufuldkommen

potpuno / nepotpuno

dag / nat

dan / noć

død / levende

mrtvo / živo

bred / smal

široko / usko

spiselig / uspiselig

jestivo / nejestivo

vred / venlig

zlo / dobro

ophidset / kedet

uzbuđeno / dosadno

tyk / tynd

debelo / mršavo

først / sidst

na početku / na kraju

ven / fjende

prijatelj / neprijatelj

fuld / tom

puno / prazno

hård / blød

tvrdo / mekano

tung / let

teško / lagano

sult / tørst

glad / žeđ

syg / rask

bolesno / zdravo

illegal / legal

ilegalno / legalno

intelligent / dum

pametno / glupo

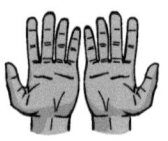

venstre / højre

levo / desno

nær / fjern

blizu / daleko

ny / brugt

novo / polovno

intet / noget

ništa / nešto

gammel / ung

staro / mlado

tændt / slukket

ukljūčeno / iskljūčeno

åben / lukket

otvoreno / zatvoreno

stille / højt

tiho / glasno

rig / fattig

bogato / siromašno

rigtig / forkert

tačno / pogrešno

ru / glat

hrapavo / glatko

ked af det / lykkelig

tužno / sretno

kort / lang

kratko / dugo

langsom / hurtig

polako / brzo

våd / tør

mokro / suho

varm / kold

toplo / hladno

krig / fred

rat / mir

0

nul

nula

1

en

jedan

2

to

dva

3

tre

tri

4

fire

četiri

5

fem

pet

6

seks

šest

7

syv

sedam

8

otte

osam

9

ni

devet

10

ti

deset

11

elleve

jedanaest

12

tolv

dvanaest

13

tretten

trinaest

14

fjorten

četrnaest

15

femten

petnaest

16

seksten

šestnaest

17

sytten

sedamnaest

18

atten

osamnaest

19

nitten

devetnaest

20

tyve

dvadeset

100

hundrede

stotinu

1.000

tusinde

hiljadu

1.000.000

million

milion

engelsk

engleski

amerikansk engelsk

američki engleski

kinesisk mandarin

mandarinski kineski

hindi

hindski

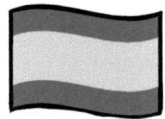

spansk

španski

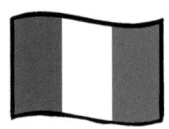

fransk

francuski

arabisk

arapski

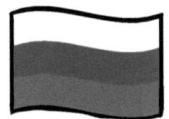

russisk

ruski

portugisisk

portugalski

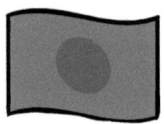

bengalsk

bengalski

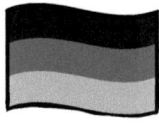

tysk

nemački

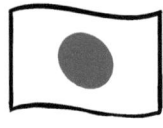

japansk

japanski

jeg
ja

du
ti

han / hun / den / det
on / ona / ono

vi
mi

I
vi

de
oni

hvem?
Ko?

hvad?
Šta?

hvordan?
Kako?

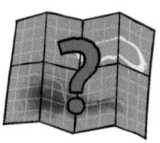

hvor?
Gde?

hvornår?
Kada?

navn
ime

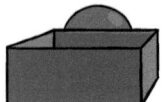

bag

iza

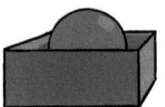

i

u

foran

ispred

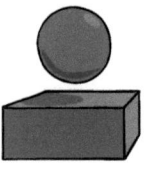

over

preko

på

na

under

ispod

ved siden af

pored

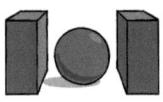

imellem

između

sted

mesto